AF276070

LOS VERSOS DE CORDELIA

107

LOS VERSOS DE CORDELIA

V Premio Nacional de Poesía Ciudad de Lucena
Lara Cantizani

Un jurado presidido por Luis Alberto de Cuenca
y Prado, e integrado por Antonio Cruz Casado,
M.ª Teresa Ferrer García y Jacob Lorenzo Sánchez
como Comisario del Premio y representante del
prejurado, en presencia del concejal de Cultura
del Ayuntamiento de Lucena, Francisco Jesús
Barbancho Espada, y con Julio Flores Hidalgo como
secretario, otorgó por unanimidad al libro *Google
Maps no responde*, de María Rosal Nadales, el
V Premio Nacional de Poesía
Ciudad de Lucena
Lara Cantizani.

Google Maps
No Responde

Primera edición en LOS VERSOS DE CORDELIA, marzo de 2026

Edita: Reino de Cordelia
www.reinodecordelia.es
🅧 📷 @reinodecordelia 📘 facebook.com/reinodecordelia
▶ www.youtube.com/c/ReinodeCordelia01

❦ El papel utilizado para la impresión de este libro, fabricado a partir de madera procedente de bosques
❧ y plantaciones sostenibles, es cien por cien libre de cloro y está calificado como papel reciclable

Cubierta: Montaje sobre un detalle de la copia del mapa *Kunyu Wanguo Quantu* realizada en 1602
por Matteo Ricci a petición del emperador Wanli

Este Premio de Poesía ha sido convocado
y organizado por la Concejalía de Cultura
del Ayuntamiento de Lucena

IBIC: DCF | Thema: DCF
ISBN: 979-13-87599-47-8
Depósito legal: M-6443-2026

Diseño y maquetación: Jesús Egido
Corrección de pruebas: Pepa Rebollo

Imprime: Técnica Digital Press
Impreso en la Unión Europea
Printed in E. U.
Encuadernación: Felipe Méndez

Google Maps
No Responde

María Rosal

Índice

Google maps

AL FONDO de la calle
una gasolinera solitaria.
La escasa luz ensucia las aceras
con un rastro de aceite.

Una mujer se asoma a la ventana.
Mira al cielo.
Un libro deshojado sobre un charco.
Los postes de cemento casi humanos.
Una sombra camina contra el viento.

Se acerca la tormenta.
Google maps no responde a tu llamada.

I
Simca Mil

Allí permanece una luna,
pende de un hilo del torrente.

Li Bai

Más que oda, elegía

¿QUIÉN DIJO que era difícil
hacer el amor en un Simca mil?

Difícil era encontrar una farmacia,
aguardar con gesto delincuente y rezar
para que alguien te atendiera
sin darte un puntapié en la conciencia,
lecciones de moral, quizás una aspirina.

Difícil era comprar anticonceptivos,
algún médico progre dispuesto a recetarlos.
Difícil esquivar las miradas acechantes,
a las gentes de orden,
—paternóster y la jaculatoria—

Difícil desandar el pecado
                 —tan terrible y tan dulce—,
sufrir la penitencia y ver cómo el deseo
ascendía en culebra
por los resquicios de la garganta.

Pero lo verdaderamente heroico
era
escapar a tu madre
                 —Polifemo feroz,
                 arcabuz de la honra,
                 camaleón de guardia—.

Difícil era tener un Simca mil
donde caerse muerto...
                 muerto de amor.

Ángel mutante

Se desliza mi amor entre las nubes.
Es un ángel mutante.
                    Tan dorado
y tan rubio que desboca mi pulso
y congela la noche en la pulpa rotunda
de sus labios de ónix.

He dispuesto la cena
como sé que le gusta.
Nada falta y me ofrezco, en tan dulce
penumbra, propicia para el postre.

Tiene sexo este ángel. Arrobada
lo observo. Acelera mis sienes,

pero no le apetece un simple revolcón.
Me dice que estoy loca,
que he perdido el sentido.
Sus metas son más grandes:
viene a salvar el mundo.

Que olvide mi delirio

                  —me ordena—

y su mirada,
látigo incandescente sobre mi piel rendida.
Que cómo se me ocurre pedir algo tan necio
tan vulgar y mundano.

Con su espada dibuja la línea
inapelable: horizonte de fuego.
Si vamos a morirnos,

              —lo abrazo con dulzura—

concédeme un instante de dolor y de dicha.

Más allá de la fiesta, los caballos
relinchan cifradas retahílas
Con el alba renacen espejismos de sal.

                    Me despeño
por sus piernas de sílice
y le arranco una hebra de cabello de ángel,
huérfana de deseo.

Tan hermoso y tan ciego...
              Si es que no es de este mundo.

Noche de amor
con el capitán Garfio

Donde el tiempo fermenta,
donde el espacio crece desorbitado y blando,
donde germinan las luciérnagas sin rostro
y la luz abisal se hace moneda.

Allí, junto al navío, contra las gaviotas,
volvimos del amor como dos náufragos.
Bendito el oleaje de los cuerpos,
el mar impetuoso,
el arañazo cómplice en la espalda desnuda.

El cielo entre las rocas,
las nubes fugitivas en la urgencia.
El horizonte a punto de expirar.

Al certero vaivén de nuestros cuerpos
crecen alas sin lastre ni amargura,
crece el rugir del mar en su epopeya,
crece el dolor de un vientre deseante.

Y Peter Pan, en la escollera oculto,
anota un raro escalofrío,
un soplo de extrañeza:
una ración de muerte.

Ya es hora,
              amado Peter,
              de que entiendas la vida
y te marches de casa.

Carne de ballena

ME HAS TRAÍDO hasta aquí,
a más de ocho mil kilómetros,
para ofrecerme comer carne de ballena.
La acercas a mis labios,
la acercas lentamente mientras las gaviotas
elevan su graznido
al reclamo postrero de la tarde.
Acusan mis sentidos olor a sal, a cuerpo,
a carne blanca en sacrificio.

Es extraño el bocado. Me recuerda
la tersura, el sabor mineral,
las manzanas mordidas
en aquel hotelucho

—con veintipocos años—
cuando el aire bañaba con terrible dulzor
nuestros cuerpos desnudos.

Aderezada carne de ballena
en la esquina del mundo,
donde arrecia la lluvia
más de trescientos días al año.

Y sonríes cuando muerdo con ganas
y te miro y entiendes
que mis dientes penetran
en ocultos recodos,
en mareas imposibles,
en aquel hotelucho
—con veintipocos años—
cuando el aire esbozaba
una extraña y borrosa metáfora
del porvenir.

Tabula rasa

... quien lo probó lo sabe.

LOPE DE VEGA

Alegrarse, crecerse victorioso,
dulce temblor, amante fantasía,
incógnito rubor, viva agonía,
tierno clamor, henchido, luminoso.

Sembrar en este prado delicioso
la más alta pasión, clara alegría.
Refundar la razón en la que ardía
nuestro ser contra viento veleidoso.

Amar el rostro y la verdad del beso.
Saber que inquebrantable el tiempo pasa.
Apostar vida y muerte en el exceso.

Hacer del vendaval tabula rasa.
Reír, soñar, crecer en embeleso.
Esto es amor... Y habita en nuestra casa.

Sin metáforas

No ENCUENTRO una metáfora que explique
la hermosa sensación de amamantar.
Pudiéramos decir
          —en tono altisonante—
que un sol abreva raudo
el canal de la vida
o que la luna inunda de luz
                el arco cierto.

Pudiéramos cantar
          —humilde son—
que la vida desborda en armonía
una breve caricia en destellos de sed.

Pudiéramos volcar tantas lecturas,
tantas palabras vanas,
saturadas de musgo refulgente,
                    para saciar
el torpe afán de definir lo inexplicable.

Dejémonos de historias literarias,
imposturas, cultismos,
                    utilería barata,
y dejemos hablar al corazón.

Me dieron el regalo la vida y la fortuna:
desbordado el pezón en las encías,
el latigazo al centro de la pelvis,
                    —dolor amortiguado—.
La mano breve en su dominio
sobre el pecho desnudo
y la leche que se adentra en la boca
hasta inundar un cuerpo que es tu cuerpo
                    y otro cuerpo,
                        un cuerpo
    que siempre será tuyo,
                    mas nunca como ahora.

El abismo

La niña era una flor de espuma
en el acantilado.
Sus pies titubeantes
apenas alcanzaban
el terrible escalón de la tarima.

¡Quién pudiera volver,
quién pudiera ignorar
la amargura del látigo!

La maestra, en su altura infinita,
extendía sus tentáculos letales y viscosos.
La mesa era patíbulo
donde expiar las culpas,
ara del sacrifico largamente incubado.

Desbordada en su imagen
más allá de los muros de la clase,
                              la maestra
se ajustaba los lentes
con pasión de entomólogo.

Entregar el cuaderno era rendirse,
ofrecer al verdugo la desnudez del cuello,
                              asomarse al abismo.

Un pequeño agujero acusaba en la página
                    desliz imperdonable,
                    un tachón estratégico.
Sin goma de borrar,
la saliva en su dedo corrigió
una palabra y sentenció su culpa.

La maestra, inmensa en sus razones
                    y en su cuerpo,
cruzó su cara con una bofetada.
El mundo entero confluyó en un instante.

Se apagaron los astros,
la tierra se detuvo
                    y el sol
no quiso ser cómplice de la infamia.

No hubo quejas ni llanto.
Entonces no sabía del rencor,
sus colmillos de acero.
Agachó la cabeza
mientras un caldo húmedo y caliente
descendía entre sus piernas
                    al volver al pupitre.

II

Dígame quién abona la factura

Transcurrieron años y años en un santiamén.
Era imposible seguirles la pista.

JOHN ASHBERY

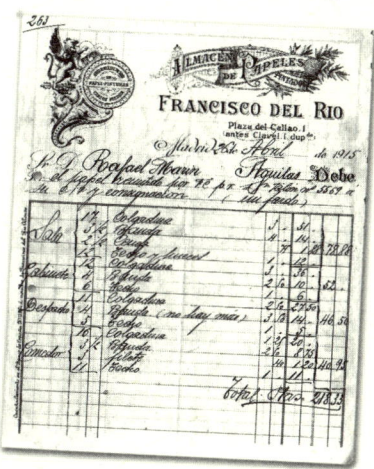

La factura

MI MADRE me obligó a ir al cementerio
                          para certificar
que los restos mortales de la abuela
pasaban del humilde sepulcro
al nuevo panteón,
donde un soberbio arcángel de escayola
tocaba distraído su trompeta.

Era un día de noviembre.
Inventé mil excusas.
Después me pregunté
                          si acaso debería
abandonarla sola en aquel trance.

Un tablón de albañil
sobre un andamio elemental, algo oxidado,
manchado por el tiempo y el cemento,
el exiguo escenario.
Recuerdo que hacía frío
y que el enterrador llevaba camiseta
con manchas de sudor y mucha prisa.
Allí, entre las tumbas,
no desvió mi madre la mirada
ante el saco de huesos,
mientras yo resguardaba mis sentidos
                    contra su nuca firme,
tan en vano intentaba protegerla.

Han pasado los años.
No consigo olvidarme
de la cabeza rala de la abuela,
sus mechones pajizos,
el cráneo diminuto,
allí, como un trofeo,
en la mano derecha de aquel hombre,
                    un hamlet que decía:
mañana pasaré sobre las doce,
dígame quién abona la factura.

Maderas de Oriente

UNA CAJA de polvos de Maderas de Oriente:
la huella del perfume, su materia,
el tesoro escondido de mi madre.
Unas medias de seda del color
de la luna, con costura ondulada,
completaban el hato
de su caudal de pobre.

                                 En la tapa
de tornasol borroso,
las cúpulas lunares erigían
un sueño de odaliscas.

El aroma de Oriente arrodillaba
el tufo del repollo, la miseria,

el patio de vecinos:

        el hambre,
        como un traje.

Manchas de azogue

Un RUBOR de Maderas de Oriente
en un cajón estrecho de la cómoda.
Mi madre lo escondía
lejos de mis hermanas.
Y solo el Viernes Santo
la arena del desierto, como un velo,
perfilaba su cara arrebatada
por un desliz suave.

Yo robé aquel secreto, su misterio
infinito, su polvo de quimera.
Y mi rostro de geisha
se apaciguó en la bruma.
Ventanas ojivales completaban

la escena. Columnas de alabastro
sobre la cama humilde.
                          Un turbante
inventado, unas medias de niebla
contra el cuerpo desnudo.
Incendiaba mis labios el carmín
rojo sangre. Voluptuosos perfiles,
desde el pecho al empeine, flameaban
la leve orografía de mi piel.
Era yo al fin
                          Lolita,
                          desmadejada y bella
en las manchas de azogue,
tan lejos de la berza y los garbanzos.

Cuentas de la lechera

Yo DORMÍA con la boca cerrada,
los dientes apretados por si acaso,
al hilo de mi respiración,
algún fantasma pretendiera
poseerme por dentro.

Sabíamos que llegaban de noche
con sus pasos de bruma.
Tapiaban las ventanas,
ocupaban los cuerpos
y nada podía hacerse
contra su piel velada y su sigilo.

Mis amigas narraban estrategias
para que aquellos seres transparentes

no invadieran los sueños de las niñas,
para que no inundaran nuestros cuerpos
con su dulzor tirano.

Pero mi madre,
que siempre estaba al tanto,
                              me dijo:
fantasías, cuentas de la lechera.
            Y me puso en las manos
sábanas y pespuntes, alfileres,
festones y vainicas.
Los fantasmas se fueron disolviendo
en el hilo real de su mensaje:
menos libros y déjate de sueños,
serás una mujer como Dios manda.

Ritual del invierno

En la tienda de lanas se fraguaron
mis inviernos de infancia.
                              Empezar
un jersey: una tibia promesa incomparable.
Nos acogía el brasero, su lumbre
milenaria, su olor a casa en orden.
En manos de mi madre
las agujas trazaban arabescos,
motivos más veloces
que el pulso de su respiración.
Sentada junto a ella, perseguía
mi vista el veloz laberinto
de sus dedos. Difícil alcanzar
tan fugaz meteoro.

Punto derecho, ochos y calados.
Repite vueltas pares y trabaja
los puntos del revés según convenga.

Las agujas marcaban cierta música,
acorde amortiguado por la lana.
Me quedó su enseñanza: corre, vuela.
Esta niña pregunta cosas tontas.
¿No estás viendo?
El encaje se teje en el derecho
y el revés se trabaja como viene.

Hoy suplo mi ignorancia con YouTube,
con vídeos lentos donde la vislumbro.
Acudo a sus lecciones,
persigo sus secretos. Y el revés...
                    lo trabajo como puedo.

El autobús

Con voluntad y lana
remediaba mi madre el frío de febrero.
El pueblo despertaba
                    y su mugido blando
nos mordía las rodillas.

Huíamos a lomos de una excusa cualquiera:
una cita en el médico, la compra del abrigo,
las rebajas, acaso la visita
a algún pariente enfermo.
                    No importaba el motivo.
La calzada era un cauce,
tobogán jubiloso tallado en la espesura.
El calor de mi madre apretaba mi mano

y fijaba mi anhelo

en el mínimo espacio.

El autobús se retrasaba siempre.
Confluían las miradas

en aquel punto rojo:

saeta luminosa.

La pequeña batalla para alcanzar asiento.

Yo sentía mi pulso crecer con su latido.
Era su olor aroma de los días de fiesta,
era la luz,

la dicha,

la libertad,

la vida.

Primer día del verano

AL FONDO de la calle me gritaba
                          mi madre.
Era su voz un pliego
de nula apelación, muro eficaz
y brida contra mis pies alados,
hojarasca de barro, enredadera.

Mi amigo me prestó su bicicleta.
Era cosa de niños, pero yo no sabía
del mundo, de sus líneas ocultas,
de sus falsas promesas.

Nunca entendí las normas,
por qué razón las niñas

deberían velar
un corazón para una sola llave.

Primer día del verano:
                    balcones
en penumbra, caracolas de nubes
sobre los adoquines.
                    El pecado:
tan extraño y tan cerca,
sus corceles de sangre
como pájaros locos
al borde de mi falda.

Un sendero de sueños
refractaba en los radios
contra el dulce fulgor
de aquella libertad con condiciones.

Tan veloz la mañana,
desbordada en mis brazos,
arañaba mi pulso.
                    Por frontera
una brisa entre el cielo y mi carne.

Los pedales crujían: corre, no te detengas,
me decía una voz tan profunda y tan libre.
Por mis venas al viento,
                    un torrente de espumas.
Heroína en la estepa, sin patrón
y sin rienda, mi corazón al vuelo.
Mas mi madre a lo lejos: una sombra
de aceite derramado en la acera.

Apenas sin aliento, su mirada
no permitía ni réplica ni llanto:
una aguja,
            mujer,
                    eso es lo tuyo.

Mi madre siempre estuvo
                    ahí,
para recordarme cuál era mi sitio.

Luz interior

AL AMOR de la lumbre en la cocina
tres mujeres conversan. La persiana
desdibuja el perfil de la mañana
sin darle de qué hablar a la vecina.

¡Con tanta luz deslumbra en la hornacina
el sagrado licor, la damajuana,
que en rutina feliz de la semana
ilumina la estancia en cada esquina!

En el humilde vaso centinela
comparten aquel vino sacrosanto
con el guiso que hierve en la cazuela.

Y limpiemos los restos. No haya espanto,
porque los hombres —así dijo mi abuela—
tampoco es menester que sepan tanto.

El Seiscientos

EL ÚNICO Seiscientos de mi infancia
                    —satélite de luz—
mi amiga lo estrelló
contra los muros grises
de la casa de postas.
¡Qué espléndido viaje:
todas las niñas dentro,
                    en cohete feliz
contra la historia!
Mi calle era una fiesta:
extraño revoltijo,
algunos huesos rotos.
Un Seiscientos azul, una promesa,
                    libertad y frontera

contra los adoquines.
Mi abuela rezó tanto a Santa Bárbara
que se olvidó de Francia y sus disturbios.

Camino verde

Y RECUERDO a mi padre
que siempre me cantaba
por el camino verde.

Entonces era yo la reina indiscutible
de todas las moreras.
Mi caja de gusanos: mi tesoro
con olor a tabaco y manzanilla.
Sentada junto al pozo, lentamente
                              trenzaba
una alfombra dentada de rocío.
El gusano más ágil ascendía
                    por mi brazo
y era la clorofila trofeo indiscutible
para su paladar de basilisco.

Crecían saludables
porque yo los cuidaba
con la misma pasión
con que llegué a olvidarlos.
En marcial recorrido
—crisálida y promesa—,
hacia el desfiladero de luz
                y de misterio.
Un hilo de saliva luminosa,
un rastro de orfandad y jeroglífico,
mientras yo les cantaba:
                por el camino verde...

El naranjo

MI PADRE y su naranjo.
Lo plantó una mañana
y se sentó a observar el universo.
La blanca cal del muro, las hormigas:
comitiva marcial hacia la parra.
Otoño amenazaba los confines
del patio y sus aleros.
En frondoso desorden las ortigas.

Allí llegó la Rosi, errante, parda y turbia,
una gata romana que nos miraba mal.
Le dimos de comer todo el invierno.
                    A cambio nos legó
su cruel cartografía de uñas y colmillos.

Luego llegó la Rosi,
una gata feliz que atesoraba
secretos de su estirpe
en el lomo dorado:
la mansa desazón de la nostalgia.
En sus ojos leímos misivas de ternura.

Pero la Rosi, la otra,
la que nos robó el corazón
con su maullido tibio,
apareció sobre las tejas pardas
                una tarde de otoño.

Nos miraba con ojos asustados
y fue la parra entonces
promontorio feliz
para sus pies de felpa.

Cuando le pregunté
por qué todas sus gatas se llamaban Rosi,
abrió mucho los ojos y me dijo:
¿es que no te gusta el nombre?

III
El intruso

Cotiza en bolsa el miedo.

JULIA OTXOA

El intruso

NADIE PENSÓ. Llegó tan silencioso.
que nadie imaginó su fortaleza,
sus astillas de hiel enmascaradas.
Estábamos absortos.
                        Nuestras vidas
rodaban como siempre, sin cautela.
El trabajo, los niños. Descuidamos
asuntos importantes,
al abrigo fugaz de la rutina.

                        Y llegó.
No creímos las primeras noticias.
Ignoramos las voces, los avisos,
tan lejanos los muertos, tan ajenos.

Y llegó.
Se instaló entre nosotros,
asignó a nuestros cuerpos su latido,
equipaje macabro entre la sombra.
Una herida invisible, un abismo
de cloro levantó una muralla
de infinitas esquirlas.
                    Inundamos
las calles con extrañas mareas.
Se nublaron los ojos por el miedo.
Se taparon las bocas por asepsia.

Se prohibieron los besos por decreto.

Estrategia

Tanta inversión en tanques,
en metralla, en brutal estrategia,
en esas cosas de las que no se habla
(alimento voraz para la bolsa),
en esos índices que tanto brillan
y que calman la sed de los chacales.

Y resulta que ahora,
cuando todo está en juego,
solo necesitamos mascarillas,
guantes y plexiglás contra estornudos.

Estado de sitio

EL silencio.
        Los bares.
                Las terrazas.
Vacío, desinfección. Un perro ladra.
El miedo pisa fuerte en nuestra puerta.
Un camión de riego
esparce su semilla microscópica.

Primavera de asfalto.

Fauna

LAS HORMIGAS nos miran con cautela.
Han confiscado nuestra casa
como cuartel de invierno.
Requisan cada miga. No preguntan.
Los pájaros celebran nuestra ausencia.
En familia, los patos recorren la autopista
cual feliz romería. Crece la hierba
en las cunetas, borra los caminos.
Dos tórtolas anidan en un árbol cercano
                    Se aplican a su oficio.
                                        Nos ignoran.
Los jabalíes avanzan. Husmean
en nuestras sobras.

Con sus pardos hocicos levantan alimento
y los gamos celebran rigurosa
asamblea en el césped del parque.

En marciales columnas,
                    un escuadrón
de monos conquista la calzada.
Los perros nos pasean cada día.
Y los lobos aguardan su bocado.

EL IBEX 35 los protege.

Trampantojo

Haz deporte. No olvides tus flexiones.
Sube escaleras. Canta en el balcón.
Mantente activo. Hazte un *selfie*.
Envíalo a las redes.
Cuando todo termine volverá la rutina:
las risas y las copas, los colegas.
Volveremos a odiar
a nuestros semejantes.
Pero no ahora. No.

Ahora tenemos que permanecer unidos.
Compra lo justo.
Sé solidario con el papel higiénico.
No acapares lejía.

Piensa que la desinfección de las almas
contribuye a la tuya.

                    No lo olvides:
está en juego la especie.
Lo han dicho en el telediario.

Una bier

MI MADRE viene a Múnich cada año.
Es feliz con su jarra de cerveza.
Fuma despacio. Se pierde su mirada
entre las ramas de los sicomoros.
Parapeta sus ojos tras el humo,
sonríe al camarero y enarbola
el vacío, el silencio, los recuerdos.
Pronuncia *una bier*
con un acento horrible.

Mi madre en el *biergarten*
                    levanta la cabeza
hacia las altas ramas y suspira.
Me mira largamente
cuando cree que ando distraída.

Trabajo en una tasca de cocina española.
Tengo un máster *cum laude*
en ciencias inexactas,

                        otro en astrología
y en materias impuras.
Siempre se me dio bien

                        la tortilla de patatas.

Caracoles

Dos DÍAS ANTES del estado de alarma
instalaron el puesto de caracoles
bajo nuestro balcón.

      Bromeaban
dos chicos mientras distribuían
las sillas en la acera,
muy cerca de los coches.

Bebían cerveza a morro
en aquella terraza improvisada.
Tan jóvenes. Sus músculos,
su camiseta estrecha, despedían tanta luz.
La plenitud del sol junto al semáforo.

El puesto está cerrado.

                       En mi balcón
se han callado los pájaros.
Las sillas permanecen apiladas.
Una gruesa cadena las sujeta.
Los chicos vuelven cada día
a dar vuelta al negocio.
Desde que han prorrogado
el estado de alarma
aparece uno solo cada tarde
en riguroso turno, la cabeza agachada,
oscura la chaqueta,

                       la mirada perdida.
Un policía le pide la documentación.

Netflix

Hace días que vivimos anclados.
Hemos llenado la nevera.
Las provisiones de papel higiénico
parecen razonables.
También tenemos vino en abundancia.
La cerveza se apila en el pasillo.
La proteína, necesaria y ultracongelada,
rebosa en el arcón de la cocina.

Y latas, muchas latas: de atún,
de macedonia, de tomate frito.
Se cruzan por el aire nuestras quejas:
de los niños, del tiempo,
                    de este encierro.

Enviamos *WhatsApp*. Nunca sobra
un poco de sentido del humor
para aliviarnos.
Algunos leen, escriben, se flagelan.
El miedo nos construye una canoa
para este río que acabará en el mar.
Y otros muchos, con gran sentido práctico,
se encomiendan a Movistar y a Netflix.

Esta primera edición
en LOS VERSOS DE CORDELIA de
GOOGLE MAPS NO RESPONDE
se acabó de imprimir
el 10 de febrero de 2026

LOS VERSOS DE CORDELIA
ÚLTIMOS TÍTULOS PUBLICADOS

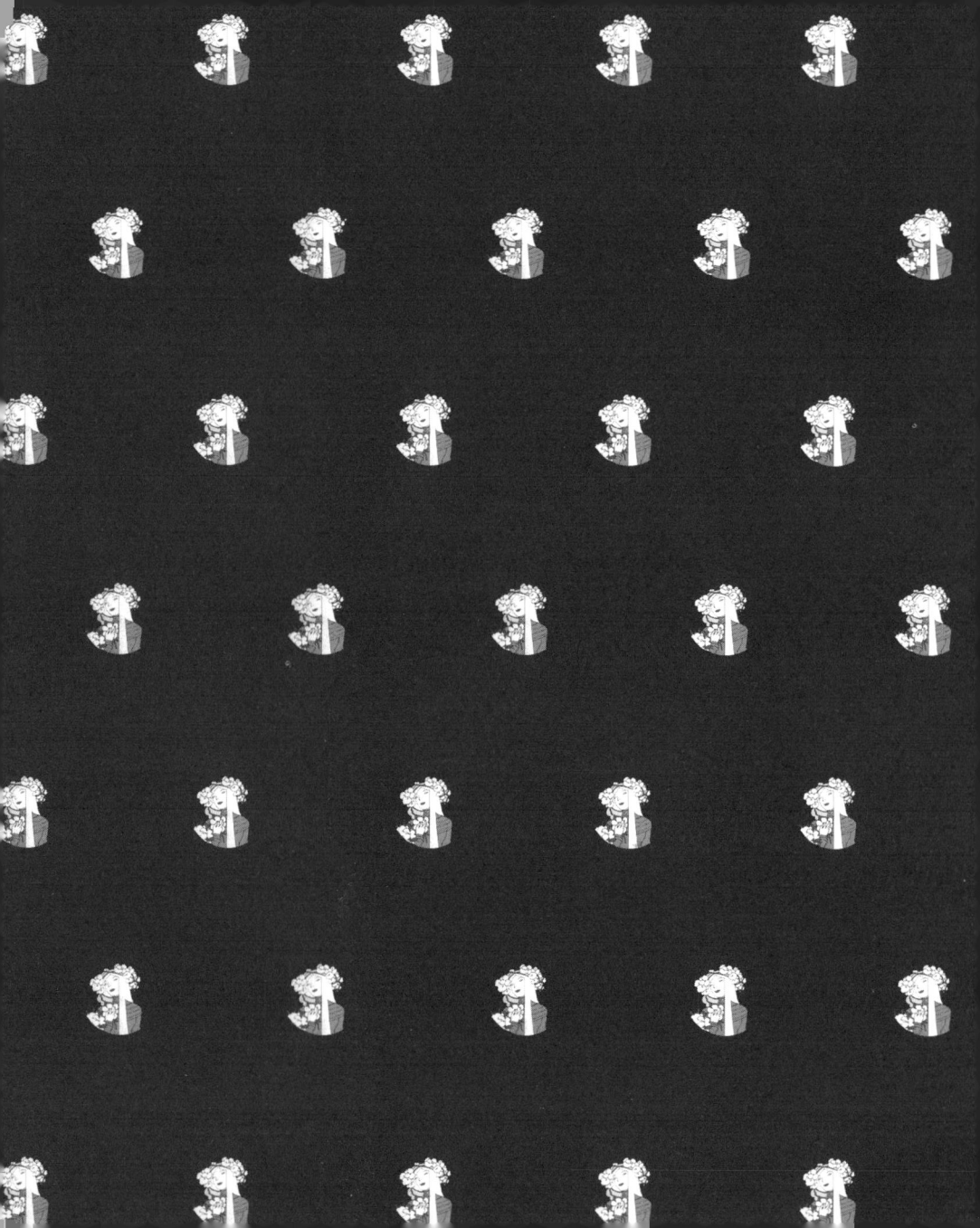